Ce livre appartient à :

Casterman
Cantersteen 47
1000 Bruxelles

www.casterman.com

ISBN : 978-2-203-10761-8
N° d'édition : L.10EJCN000549.N001

Achevé d'imprimer en avril 2016, en France par Pollina - L76143.
Dépôt légal : octobre 2016 ; D.2016/0053/156
Déposé au ministère de la Justice, Paris (loi n°49.956 du 16 juillet 1949 sur les publications destinées à la jeunesse).

martine

et les chatons

d'après les albums de Gilbert Delahaye et Marcel Marlier

casterman

Aujourd'hui, le temps

est magnifique.

Martine et Jean

pique-niquent dans

la barque de grand-père.

Maman a préparé plein

de bonnes choses.

Miam miam !

Mais un chat

affamé

s'approche doucement

du panier.

– **Voleur,** crie Martine.

Va-t'en, vilain chat !

Sous le mouvement brusque,

la barque bascule.

Jean tombe à l'eau.

– **Arrête**, dit-il en sortant de l'eau. C'est une chatte, elle attend des petits.

– **Oh !** Je ne voulais pas t'effrayer, dit Martine. Tiens, Minouchette, voilà le reste du poulet.

Après le repas, la chatte fait sa toilette.

– Laissons-la se reposer, dit Jean. On va se baigner ?

1, 2, 3 Plouf ! Ils s'amusent comme des petits fous.

– Allons-nous rhabiller,
dit Martine.
Ils entrent dans le cabanon
de Grand-Père.
Et là, une surprise les attend.

La chatte s'y était réfugiée
et a mis bas cinq petits
chatons.
– Qu'ils sont mignons !
Si on les emmenait à
la maison ? dit Jean
– Maman ne voudra jamais,
répond Martine.

– Construisons-leur une niche alors, dit Jean. Cette caisse fera l'affaire.

– Mettons une couverture
et un coussin, dit Martine.
Ils seront très bien.

Mais la nuit, l'orage gronde

et la pluie tombe très fort.

Martine a peur pour

Minouchette et les chatons.

Le lendemain, elle file

les voir.

Ouf ! Tout va bien.

Les chatons grandissent

très vite.

Martine vient les nourrir

tous les jours.

Son préféré s'appelle Plume.

Mais, il est très timide.

– J'aimerais tellement
le prendre dans
mes bras.

Je vais essayer de l'attraper.
Il s'approche. Il est tout près...
Et **hop !** Il s'enfuit.

Il a grimpé le long d'un arbre.
Et il n'arrive pas à redescendre.
Martine et Jean apportent
une échelle.
Aïe ! Jean a le vertige.

Martine prend le relais.
« Comme c'est haut ! »
pense-t-elle.
– Tiens bon, dit Jean,
tu es presque arrivée !

Elle prend doucement
le chaton dans ses bras.
Ouf ! Il est sain et sauf.

Plume est devenu l'ami
de Martine.
Elle vient souvent voir
les chatons près du cabanon.

Un jour pourtant,
Minouchette s'est mise
en colère.
Elle attend de nouveau des
petits et rejette les chatons.
Plume et Boule se sont
enfuis.

Martine et Jean

les cherchent partout.

Personne ne les a vus.

– Pourvu qu'il ne leur soit

rien arrivé ! pense Martine.

Tout à coup, un bruit
de tracteur se fait entendre

– Deux petits chats ?
Bien sûr ! Je les ai recueillis dans ma grange.
Vous pourrez venir les voir quand vous voudrez.

Martine vient souvent rendre visite à Plume.

Il est heureux à la ferme.

Il aime surtout le lait frais, le gourmand !

Titres disponibles

1. **martine** petit rat de l'opéra
2. **martine** un trésor de poney
3. **martine** apprend à nager
4. **martine** un mercredi formidable
5. **martine** la nouvelle élève
6. **martine** a perdu son chien
7. **martine** à la montagne
8. **martine** fait du théâtre
9. **martine** et la sorcière
10. **martine** en classe de découverte
11. **martine** se dispute
12. **martine** déménage
13. **martine** et le cadeau d'anniversaire
14. **martine** monte à cheval
15. **martine** la nuit de noël
16. **martine** est malade
17. **martine** fait ses courses
18. **martine** et un chien du tonnerre
19. **martine** et les lapins du jardin
20. **martine** en bateau
21. **martine** à la mer
22. **martine** et les fantômes
23. **martine** au pays des contes
24. **martine**, princesses et chevaliers
25. **martine** à la maison
26. **martine** et les chatons
27. **martine** à la fête foraine
28. **martine**, l'arche de Noé
29. **martine** garde son petit frère
30. **martine**, la leçon de dessin
31. **martine** et le petit âne
32. **martine** fait de la bicyclette
33. **martine** dans la forêt
34. **martine** et les marmitons
35. **martine** au cirque
36. **martine** en voyage
37. **martine** la surprise
38. **martine** baby-sitter
39. **martine** fait du camping
40. **martine** et son ami le moineau
41. **martine** se déguise
42. **martine** protège la nature
43. **martine** fait de la musique
44. **martine** prend le train
45. **martine** en vacances
46. **martine** en montgolfière
47. **martine** au zoo
48. **martine** et le prince mystérieux
49. **martine** en avion
50. **martine** fête maman
51. **martine** à la ferme
52. **martine** et les quatre saisons
53. **martine**, vive la rentrée !
54. **martine** fait la cuisine